Liebe/gedichte

Lyrik aus neun Jahren

Uwe Kraus

Uwe Kraus geboren am 17.02.1979 in Kaiserslautern
veröffentlicht nun sein drittes Buch.
Nach dem Stern des Lebenssinnes, sowie dem
Fußballbuch, beschäftigt sich der Lyriker mit einem
Zusammenschnitt seiner Werke.

Seit 1999 schreibt er Texte und Gedichte, sowie
Kindergeschichten.

Nun legt er mit diesem Band seine Vielfältigkeit vor,
seine besten und klügsten Gedichte.

Über diese drei Bücher hinaus, erschienen Gedichte in
Zeitschriften für Literatur und Kultur.

Kraus ist Mitglied im Literarischen Verein der Pfalz,
sowie der Autorengruppe Kaiserslautern.

Novivitalis Verlag No. 5

© Uwe Kraus Kaiserslautern 2008
ISBN: 9783837043914
Herstellung und Verlag: BoD - ooks on Demand Norderstedt

medley

1.

wen liebst du
liebst du das ich
hinter der fassade
das schmutz im gesicht hat
und dreck
in krusten?
warm beginnt dir die liebe aus dem herzen zu fließen
wenn ich sagte dass wir uns liebten
ohne dich
zu fragen
geh ich zu staub
und schlage auf deine
glut
wütend wirfst du einen
schatten nach mir
aus marmor
das bild das dein herz darstellt
wen will ich lieben
wenn du weißt was ich zeichnen kann
und fragen hinten im eck stellen will
dann fängt die zukunft uns unter den
aschen der urnen des halbmondes
wie wir die den schlaf telepatierten

und leise mit mühe aufstehen lernten
wenn deine mutter das hört...

ich war im zweifel wieviel liebe
aus den morgen land
deiner seele zu streichen sind

ich streiche dir die beine entlang

und fliege mit dem nebel

weißt du jetzt wem du deine liebe schenken magst
wenn der horizont blau ist
warte ich
am steg
auf tau und eiskristalle der nacht
und schleiche mich zum ast der ader deines
seelentraums
wie wenn ich haschisch atme
und trinke den duft der rosen im
nirgendwo

2.

hinten fängt der morgen
auf tau zu wispern an
um mich schweben zellen
bleigrau
ziehen die schwaden dunst

über die erden des reichs
das dunkel herrscht mit
zig plasmen grün und brot
ess ich orangen
und birnen

lehm klebt überall in der stadt
in der ich wohne
und mehl liegt auf den strassen
still klingen die glocken eis aus meiner kirche

starr rückt die stunde des monds hoch
um
in den traum den puls
das plus zu schlagen
wenn die offenbarung
in mir spricht
so atme ich wolken
und schneide erde aus torf
um in den abend mein atmen zu elementieren

ich bau tränen zu silber
und hanf nutz ich um stricke zu drehn
mit denen ich die schneeflocken
peitsche
aus allem ICH heraus
ernte ich das leben
um in der nacht die sterne zu befragen

wenn ihr nicht hört das ist die silbe
die ton
aus deinen
rinden schloss
das a das e das c

ich arbeite aus meinen träumen melodien
um sie sanft im chor
zu singen

3.

ego

exzellent
ist das das
was wir suchten
und verbrauchen
in jahren die wie halme
aus den erden
in den tag ragen
die fangen uns
verschnüren
und verlassen
wie ballone
wenn wir
zunehmen
außer dem kopf
und den schuhn
bleibt alles nacht und nackt
und dann weiß ich nicht wie viel
gerten das brot bricht das ich esse
wenn ich stehe sink ich zu boden
und tränke furchen
meines lebens mit wasser
um in die gräben
ein korn zu pflanzen
ich weiß wie schwer
mein ich es hatte zurückzugehen
exzellent
mit den räumen
des kerkers meines ichs zu platzen
und niederzusinken wie blei
und den frommen des glaubens
zu wecken

aus allem das ich mach schwindet
das herz und wird schwach
wie
ohne pilot
schwebt es hernieder
und blumen
schmückt
mit das staubende schwert
der rechten des bauern

ich bestelle das land aus heiligen gründen
und fließe
zum ewigen quell
den ich atme

binde meine hände

und drücke meine gewalt
aus mir
mit den deinen
und fliess aus dem atem in den meinen
kuss um kuss
und blase blutplasma blub
sag wen liebst du?
bist du es selbst
der das licht entzündet
wie eine kerze den docht
braucht um zu erglimmen
braucht der spinat die sahne
um fertig gar serviert zu werden
mit den feuern
kommen die tränen
an tagen
an denen wir sie liebten
und fressen die augen
und beißen den mund
dann werden wir lieben
das erde zu feuer wird
und aus
ihm schwimmt wie bronze
das blut des herzens
das ich dir nie sagte wer du bist
das ich dein sein mag
und du freiheit besitzt
zu fliegen
mit dem sturm
der den sand verstreut
der die uhr verlässt
den ich korn um korn zählte
und mich von spinat ernähre
der mein grünes herz erfüllt voll sehnsucht

trage meinen kopf

aus dem fenster hinaus
in den atem des zeus
und fülle ihn mit wissen
und geschriebenem
vor allen dingen mit liebe
die mein geist beseelt
und höher schwindet
wenn der winter kommen mag
dann wende
ich dein haar
und binde es mit meinem
flechte es
und schnüre unsere gedanken
durch den ruhm
der uns zuteil
weil das der regen schreckt
der die plasmen
meiner blutgewebe bindet
wasche meine hände
flechte sie mit garn
und führe mich zum licht
das der prophet mit unsren
ohren spricht:
ich drehe dich
ich wende dich
und falte dich aus dem fensterbogen
wenn du sie nicht mit leben füllst

so schweige
hase

abschluss

im nachhall
hört man den wind drehen

in der eigenen gedankenwelt gefangen
im stillstand
auferstanden
und mächtig loszulassen

zu kommen oder zu gehen

wo will ich sein
an einem wegrain
verklingen
durch den hauch
der blüten
vergehen
kristallklar und rein
sich zu biegen
die äste fern
verdreht

alles was ich weiß schickt
mir mein dämon
in die schwerelosigkeit
von zeit und demut

der wind ist ein regenbogen

die melodie
eine figur
die verrinnt und versinkt

ein schiff wie segel

und die mauer
ein kind
der abend
schläft einsam
über der küste

und nachts wacht
der atem
der leere
über den köpfen

die wie träume
gefüllt
sind
voll
stoff und seide

es muss
das papier gedreht werden

wenn die signaturen

gedehnt
sind

und der spiegel
ein licht
wirft

auf das was jetzt schläft
und verinnert

was gold
ist

es muss
der abend
ein storch sein
der die kinder
versorgt weiß

es muss
der abend

ein tag sein

es muss
der morgen
zu nacht gehen
damit
wir uns weiter
um die kometen
drehn

und lichterloh brennen
wie sonnen

damit der wonne
genug sei

der tag ist wie ein regenbogen
die nacht
wie eine matrize schwarz
die langsam

wie es die katzen tun

ihre pfoten
der wolle
entgegenkrallt

um müde zu werden

und endlich
gähnend schlafen zu gehn

luck . radiohead

es könnt n schöner tag sein
            wir auf den melodien der
                        balladen der herzen
könnte das unser glück
                        wie im rätsel der silben sein?

            hass war ihr schnitt
            phantasie ein meteorit
            und lust ein volles glück
                        das wir uns
                        demokratisch
hin
                        und
                                                her
                        wälzen

            erzähle deine schatten
            sind der nacht behangen
                        und
                        zähle
                        auf
                        wie
            wahnsinnig ES ist mich zu lieben
                        um
            der anarchie ein wenig holz zu kerben:

ich
bin
ein
sam!
uwe   der *liebe* gewidmet

über LIEBE. oder der weg nach innen

wir sahn uns
UNS
entgegen
der first am himmel schloss mein licht
und stahl aus meinen augen so
aus augen die wie ein meer die
unendlichkeit verblitzt
und schönheit aus den lungen
variiertes
schicksal

dialektik

die ich nicht berücken kann
sie ging in aus und an
von anfang an
in meinem herzen auf
und stieg hinan
und fiel aus einem
lorbeerstrauch auf einen kasten cäsar aus ihm entwich
ein geist homer
die odyssee die ich verfing
der sieg
apoll
der meinen geist verlor so lehrt mich aristoteles und
ich finge an die träume zu veräthern
gott und liebe in den
kehlen aufzuschrein
glaubt ich ein schlüsselstück
von shakespeares
versepen zu sein und dann aus und in das meer zu
steigen
und wasser
auf und ab zu wandeln

schlag auf ein becken das
wir immer mehr kubistisch flochten
ein bart erwuchs mir kilometerweise
am schweizer heißen lobgesang
am tal aus einem maskenschlack fing ich mit wundern
an
fing ich das zaubern an
das zaubern.

ich war ein grab das zu sich selber sprach
und in ägypten wollt ich nimmer
sein weil antichristus
im meinen lenden
zucken flog
und gram kam cicero und pascal
als wahn in die kasten hinzu
und schrieb ich analysen
in den
garten meiner libido zu kleist

ich fing die fliegen sterne schallte hin und
her
weil du mein geist mein singen schwelte
mein steigen meiner baronal
verzagten stimmen
wollt ich könig sein
und fing mit dem bein das schreiben
an
und fing ein chaos a.d.
innerlich
um irgendwann
hierher zu träumen
in den jahren
der tausend dingen die ich wachte (nachts)
um meine bilder aus mir zu entfesseln
ein tv kanal der mir gehört

ich lag lang längs wach
sah schwarze schachfelder
blaugraue kronen
bis der wind durch meine bühnen flog
und meinen zahn
im mund zum keimen klamm
vor zarathustra
der auch wohl zu mir gehörte
wieder und wieder
stahl zu zünden
stahl und licht in den lichtern sah mein geist napoleon
und xenien
aus den worten
wenn die liebe meine träume forschte und trennte
welten
die wir zogen aus scheiten
die die uhr der zeit
in meinem feuer funkt.
spielte ich doch nostradamus und sah clinton
der dann tags gewählt und
gezählt wurde
ausgezählte stellte ich den cider
meiner magmabraunen
fetzen kohlen vor den gräsern hin und her
das ein himmel sich zerteilen könnte.
was blieb war liebe
unkontrollierbar unaufhaltsam
-gott fand mich mit blut am saum
am bart
mit vermehlten augen fand er mich
mein vater schrie und   fing an zu
          flüstern
                    wir haben keine zwei
                          netze mit denen wir den
                    fischen unsern zeichen
                      geben

ich hänge am kreuz

im tann mit nägeln im handfleisch an
neun blutigen nageln mein seelenbild gebrannt
ein speichenrad der zeit auf meinem haupt links und
rechts ein schicksal neutrum
links die macht vom wahren
die mich führt
oben über meinen seelenauen sitzt der herr
der mich strafend blickt
und narrt
der rechts den lügen meines sinns
mich immer mehr zum zweifeln zwingt
es gab liebe in den seelenfetzen
es gab leben in den mauern meines sein
es gab ein
dein von meinem unteren geist
den du mir stiehlst wenn ich wünsche stehle
die gaben bündele so quollen sich die bluttropfen
aus meinem herz in deines grab
verlieret sich der hammerschlag des nageldreschers
in eine
scheibenwelt aus denen atemzug um züge
geist einhauchen ein bild der martern die nie enden
ein glauben an die Qualen doch zum
töten
meiner gaben meines lebens
wenns zuende geht wisst
ihr ich sei promethisch mit diesem grunde aus den
wolken ausgelöscht geflogen
und habe hinter euch die nachricht brennend
in den gang geschrien die wir nie fühlten
rechts und links schien in meinem hirn zu brennen
wenn die poetologie die funken spie
in meinem geist so flog ein aug ein funken
in den ewig strahlen

ich fand uns und verlor dich wieder
die zeit schien endlichkeit
metapher grund
und einigkeit
mit mir der heilge geist du
über mir häng ich im wald
und leuchte neon
wind kämmt mich
auf einem fels als du mich mahlen ließt
war wahrheit
siegel
wahrheit
prügel
als wenn die finger immer dürrer scheinen
und
menschen an den zweifeln leiden
gabst du mir liebe
eines links das andre luzifer
dem weisen
klamm vor
fanatismus hing ich hier
hing ich im wald
hing ich zerfressen gefleischt auf einem fels der
rabe hackt in meine brust
als ich ein licht aus osten sah
osten sah ich wasser und weiß
ich werde kommen
ich werde folgen
in deine sinne
in unser ohr fallen
deine gaben
deines meins
du scheinst die pyramide
und doch weißt du:
faszination
phantasie

ideal der stimmengebilde
klang und traumgehilfe

ein liebes wispern
eine gabe
ein LEBEN
ich war im wald und geh nun fort
ich komme immer mehr
und mehr zu dir und
will doch fort von hier und uns und zeit und jetzt
und doch gehe ich mit deinem geist
ich höre ich folge doch sterben werden meine sinne
werden meine geister mein herz
ist die unendlichkeit..

die sonne des lichts

versperrt mir den blick
wenn ich das gas der erde rieche
schwimmt es in den atmosphären
die gebrannten ton
formen mit wasser
und ihn in schichten des magmas unter uns schwemmen

ich atme auf und fühle den druck
in den krusten
des erdballs
wie es lodert und mir das herz schlägt
in tausenden von farben
ich schmecke basalt

und spüre die hitze
der feuersalamander
die aus dem teer kriechen
wie listige katzen die mäuse jagen
und auf den spielplätzen
des wassers

die quellen der schichten
verspülen
und unendlich spüren
was der sommer bringt
wenn die kerzen des winters verglimmen
in ultramarin
und fliederfarben
des ewigen frühlings

einst war ich mondsüchtig

und stieg wie es schien
auf die achse der erde und speiste
mein frühstück in ebenen die nur der tiefere sinn
widerspiegelte
ich einte mich
aus den zonen
des nordens
und strickte mit wolle

wolkenschwärme

und flammen aus größeren teilen
des lebenslichts meiner selbst

ich segne den flaum des eisens
der muse der kunst
wie sie mich anstrahlte des nachts

und öffne die poren der haut um jeden erdenklich

glühenden schein
in mich zu speisen

ich sitze und

grübele über dich nach
über mich
und das sonett von shakespeare

das ich dir schrieb

die dinge
zu erläutern
wie sie warn
das chaos angefangen

wie gabriel
dich schützt
wenn er durch die stadt
lief
verkleidet
mit mathematischen zahlen
die wahrheiten heraufbeschworn

adler flieg!

und geh
mit meinen augen
wie ich die apokalypse
unserer beziehung predigen wollte
lief ich weg

und mauerte mich aus

die ärzte gaben recht
dem verwunschenen
und übergehenden
licht

mir nicht
wie wenn jesus
und michael
laufen
und kommen
sagen dinge
sperren weg
sie mich

in einer zelle
und drehen das licht
auf gummi

ich weiß
ich hatte das pech von mir zu gehn
und nie mehr zurück

aber du
eine augenweide
wenn du tanzt
von mir weg

<u>typewriter</u>

die schreibmaschine
wird kalt

der drucker entartetes
zeug
der technik
von gestern

dies sei ein gebet
schrieb ich
in die mitte
die nationale
oben die standards

der alten welt

vertaucht

am rande
des exorzismus
und der ketzerei
des endes

im anbeginne
des traumes

ich las und schrieb

von der gleichzeitigkeit
über telepathie

und der entartung

das sind doch nazis
nazis

ich nicht

versteht ihr

<u>Sieh die worte...</u>

Sie sind wie der wind in die bäume gehaucht und
schmeicheln die blätter die fallen wenn ich sie nicht
dünge mit worten und verführend das lied der heimat in
die salzigen boden erstreue wie von bildern gezuckt das
licht das das wort warf auf die zeiten der jahre in die
rinden der bäume die wir suchten um den ast zu
erklimmen und auf ihnen die zukunft fragend
aufzublasen die brücken zu sehen die da führen über die
hügel die die begriffe beschneiden mit abgas gefüllt die
worte in denen sie fallen die blätter das sind die
unbunten worte wie kohlenmonoxid denen man keinen
scheinenden schein zu blasen in luftblasen vermöchte
und die bäume hinabfallen auf die gassen der wege die
ich beschnitt durch die tasten der tastatur.
Es war einst ein wort aus denen sieben tage sich
bildeten an denen das neueste wort der worte entstand
wie ein licht in dies buch der bücher gefallen stehen die
termini sie zaubern die welt verzaubert mit worten
geritten durch grenzen hinter denen die buchstaben sich
tragen in fehlende zeilen/ bin ich dichter so bin ich
apollon des werkes das ich schreibe und reise in die
worte von buch zu buch um mich findend in den gassen
auf den bäumen mit den worten spielend sehen zu sehen
wie ich dichte und leidvoll die hände nähre auf denen
wir zum lichtzug greifen wie das unbunte wort:
zigarette.

Die brücke ist..   dreiteiliger monolog

Mit vileda gewischt und einzeln steht ein licht auf den
pfeilern das wartet aus den städten in die stadt zu
kommen und mit dem draht im glas das neueste licht zu
bilden.
Ich drücke den knopf wenn die pizzawerbung auf der
mattscheibe erscheint und die brücke wird dunkel sie ist
dunkel in der nacht nur die taschenlampe des mönchs
der aus den weiden hervorkroch befleckt dies land auf
denen wir warten um zu springen in den fluss in den ihr
nicht fallen wollt?

Seht mich springen in die tiefen das tiefste ich/ seht ihr
die kerze die ich suchte sie ist von wasser umspült
gegerbt und klangvoll wenn ich das wachs mir an den
backen schmiere: ist dies die brücke in die wir alle
fallen wenn sich der himmel zerteilt?

Du hast sie gesehen ich weiß es genau und gefallen bist
du hast dir die knie gescheuert auf dem kies das klang
ganz nach tkkg cassette das scheuern aber hauptsache
du bist gesprungen eins nach dem andern ein glied nach
dem andern ins wasser geworfen das wars wenn der
regen fällt in australien werden wir über den schnee
staunen den dieser eisprophet gebracht hat:
Du hast eine chance spring das licht ist nah im glas mit
draht das aus der stadt in städte zieht: auf wiedersehen
oder treffen wir uns auf den mitten der brücken?

<u>breitbild</u>

Golden gefasst die mitte des schnitts
biegend durch das bild michelangelos
Wie ein verzogenes licht im 16:9.
Öfter wiegt sich der wind und schneidet durch die
mitten der plastikhüllen die bilder des leisen wehens:
Von satellit zu satellit.
Sterne hüpfen tanzend gebrochen in
sternschnuppenadern auf den augen des monitors.
Elementarfläche: 70/55
Ich tanze in den reigen der bilder
Wandernd verschmilzt der tango in die
Additive farbmischung.
Goldener schnitt wie fernbedienung
zapping all over the channels:
werbung:
gefrierkühltruheneisbeutel götter aus staub
im pal.
Moviechannel gemittigt das kunstwerk aus der
reproduzierbarkeit.
Michelangelo weine nicht.

<u>Vergessen, ist das..</u>

Was das herz erbaut in düsteren stimmen die sich im
herz die zähne lecken und nach oben blicken das licht
verglühend sehen zu sehen wie die welle die dieser
wattpirat vom boden brachte ich fiel in deines herzen
adern um aus den rinden der bäume dein herz zu
erschnitzen wie die wogen die dieser wattpirat brachte
Eine möwe kreischt schweigend in den sand der zähne
die uns fletschend das lied verbiegen:
Das ist das was die liebe brachte sie verließ mich mit
dem gefallenen segeltuch um in die planetarischen
inseln der schwarzen risse des weltalls hinauszufließen
ich floss dies bild in den kahn auf dem ich dir
verfolgend folge um den hauch der hexen auf ihren
besen auszutanzen und in die wellen liebend deinen
namen zu tauchen.
Eichendorff goss dies watt in den wellenabend wellig
schien wellblech von pappeln zu hageln um vögel zu
wecken die flocken die dein haar ließ verließ ich in den
geschnitzten blendenen zwischenbaum der nautilus (so
nannte ich mein floß).
Zweigestimmt stimmte der eisvogel dieses geheul zu
wimmern an um die tranigen fettschichtigen
schaumkronen zu verspülen-
Folgte ich dir so folgere ich nach deiner meinung der
kuchen der aus omas zwetschgen garte der brannte mit
der süßen sahne auf der zunge/ so du hast recht
Die sprühsahne die ich nach unten unter den tisch
sprühte um deine beine entlang um sie mit dem
roststecher zu salben fiel wie der wattpirat der mir riet:
verlasse sie das wird nicht gut gehen wenn es erst
einmal wellblech regnet so schwingst du die zähne und
dies ist falsch...!

ein dreibein

1.

unter zeichen von freiheit war ich geboren
unbestohlen in mir der klang der liebe
der sich in sich in ersten zyklen der weisheit erhob
liebe zog sich wie ein band durch die seele in den
aufgang
der stadt die in mir liegt:
ein turm ein babelturm ein hohes gebilde der klarheit
der reinheit wie ein hochhaus mit tausenden zimmern
in denen sich das licht kristallisiert
wie ein blitzendes meer
ich sank in mich in zimmer der gestohlenen träume
und reiste wie der weise immer höher in trilliarden von
seelenstücken die sich rissen als ich mich entsann in das
falsche tor zu zerfließen wie zur mauer enthauptet die
singen und tanzen die singen und lachen der
trommelnde torpfad gegessen wie schierling in den
momenten da sich alles verkehrt und verklebt in lasten
der sonne!
Ich hörte sie pfeifen in kratzenden zügen ich hörte sie/
Sie hörten mich belauschten gedanken
Telepatierten mit rindenzwergen
Vögel flogen durch illuminationen/
Klopften in mich auf die haut der gehirne
Antagonistisch und konvex gebogen waren die antennen
der götter.

2.

konvex gebogene antennas/ gott gelenkt und schablonen
der augäpfel
verlieren sich
im angesicht der spiegel:
Ich telepatiere die gedanken des fremden
Mit den zwergen gemeinsam und schleiche mich in die
glut der
Zwischenwelt die nur besteht im Ast der bündelungen.

Elfen zirkulieren in den zirbeln meiner innenwelt
Fremde bänder schmücken mein haupt
Ein hut wie ein zwerg
Eine pfeife wie ein gnom der in den hälften der schalen
Sich ergibt:
ICH HABE KONTAKT IN BÜCHERN UND
STENGELN
Die nur weises in sich erblühen lassen.
Es klingt der hall der paradoxie/
Gegenteilig im instrument der trompete durch die ich
blies um den fremden zu erblicken
In vögel gebannt die magie der gedanken/
Trompetenbilder vögel/
Windhunde höllenwindhunde gedanken/
Geweihtes wasser
Spielt den fluss hinab in bruchstücken mittelerden
Harzig der geschmack der speichel
Ich hörte sie singen und tanzen und singen und lachen
ich hörte sie von anderen seiten:
BREAK ON THROUGH
Brich hindurch in seelenfetzen
Trillionen milliarden geatmete stille
Gefühlte stille
STILLE
Ein laut bricht in die außenwelt der fragmente:

In mir tanzen sie und ich bin stille außen nach innen
lautleise
Und beginne in mich zu lachen zu tanzen auf den
pfaden
Der lichtwelt...

3.

laut in mir dringen die personen von
wandelnden feldern der rinden in ornamente der
systeme:
Schwarz
Weiß
Ein feld tanzt geflimmert
Im rausch der fliegenden neuronen
Break/ brich durch zu mir
The other side

WHY
I
Do
You
In my eye
Exploded in momente der antennenverbindungen.
Amon von theben spürte ich in den wassern der
speicheln meiner gespaltenen zungen und immer noch
tanzen und singen sie mit stechäpfeln bewaffnet die
hexen auf besen vom potzberg in einem bilde
hyronimus boschs im traum:
I`m with you
Die äpfel der sensoren brechen sich in kapseln des
feuerkelchs
Bitter schmeckt der trank von westen in meiner zunge
von unten gespült ins meer DU BIST ich sang und
tanzte und lachte und zirkulierte in sekundenlangen
traumwandlerischen momenten
Ergeben im kristallklaren Augenblick:
Sie singen und tanzen sie lachen und schreien sie
gaukeln und stehlen sie sprechen das bild an den toren
sie brechen das feuer
Sie fressen Ich tanze nicht mehr ich tanzte und schallte
von den auen meiner seelen fetzen/ LIEB warst du/

BÖSE bin ich/ ES wird dir nicht gelingen zu rauben zu brechen auszubrechen du hast den schierling geraucht hast ihn gestampft hast getrunken vom sud:
LIEB BIST DU/ BÖSE WARST DU

<u>ES</u>

<u>seid da für mich</u>

alle und keiner berührt
meinen kummer
nur meine eltern

sind da
in geborgenheit

und tiefe lässt man sich nicht fallen
die bekommt man

zum leben

eine klippe

von der ich nicht springen will/

weißt du noch die werbung
der felsen

„traust du dich das"

fragte ich immer dabei
meinen bruder
und staunte
dem sprung nach

<u>ungeduld</u>

unruh
sanfte
unruh
gleitender ton
der uhr
im quartzwerk

<u>traumkrumen</u>

hinter dem horizont
versteckter ernst
geleuchtete nachtSTIMMEN

liebeskummer bitterer geschmack
im nachhall

alles bleibt
in kosmischen schwingungen

verborgen
und rüttelt am gitter

der zelle im keimgut

<u>taukrumen</u>

alles liegt hinterm mond geborgen
das licht dreht die schatten zu
unter dem ast

der linde geht die welt zur ruh

immer und immerzu

ich habe euch nichts versprochen

bedenkt gott den liebenden
den trennungen nach zufolge

bleibt unter der hast

des taus tausendfach
die träne

die zeit

vergeht im stillen eck
drängt sich nicht auf
ist nicht reumütig
und schreit nicht nach liebe

das bin alles ich
der sein zerstörer ist
nicht gott
oder ein engel der apokalypse

ich bin nicht untot
oder aufgeblasen
vor wut
einzig im raum des weltalls

bleibt mein versteck
ein kleiner lichter moment
vom mond her
oder vom lieben wer weiß schon

bin ich dichter

der worte klamm
verbissen
mit dem glas
cola das
ich in der außenwelt
verschüttete
damals hab ich den schnee gefärbt
bilder beleuchtet
nie habe ich
beim essen meines brotes
eine ameise gegessen
das ist innen außen
und tiefer
das ist nicht die angst
die das macht
vor dem schnellen ende
das ist die liebe
der zärtlichen mittelwege
verstehst du mich jetzt
das sind zwischentöne
schrill
und ohne bass

<u>kaiserslautern</u>

am fusse der burg
die haltestelle
an der wir uns immer trafen
das theater
und das rathaus
dort wo die punks sitzen
in ihrem rausch
bier und getränkedosen
verstreut
am rande der straße
oben auf dem berg sieht man das stadion liegen
hier wird bald
nichts mehr sein
wenn sie nicht mehr spielen
erdrückt sich die last der stadt
und ihrer bekanntheit
nicht mehr vom fußball

eselsfürth

vergangene sehnsucht
im weiher verborgen
liegt gold
und schwermetall
in der heimat
am rande von zeit und raum
zu stehen
zu gehen
dorthin wo ich nie sein will
doch alle sind gegangen
ich allein bin noch hier
unter der last
des weilers
der mich erdrückt ewiglich

f.r.ühling

samtschneen eiskrustende straßen
bleieisschnee bruchschnee
tropft graupel reif
der schneemann beglänzt von sonne
entferntes schlittschuhzischen
im schweif der klingen des schlittens
kufe die gleitend mit den wintern den
massen entsteigen aus poren dem weiß
entflieht sich dem frühling die flügel der wolken
-
eisblumen glitzernd den fenstern schmuck
keimt links das gewand
im vorjahr der blütenränder
zieren schmuck blütenhälse
die hänge dem rauschen des
winds bricht die spinne das schweigen
der noten des fühlings der larve des schmetterlings
erscheint sonne durch blicke der äste

Jose F.A. Oliver gewidmet

das blankweiß

der sterbenden
& lebenden himmelskörper

leben sie?
oder driften
sie wie der
schnee
ab
zum himmelweiß
der legenden
zum kosmos

vom leben und sterben lassen

wenn wir sterben
töten die qualen uns
bis wir wieder leben
ohne unterlass

wenn wir es lassen zu sterben
leben wir
gottgewollt
in sprüchen und psalmen des herrn

Exodus

Es ist zeit
Ewigkeit verstreicht
Göttlich schläft sie
In bildern und sprüchen davids

Am rande der orientierung
von zeit und raum

<u>Wegrain</u>

Wie leid tut mir das

Ich ekel mich deinen
Stecken und stab
Tröstend anzunehmen

Wenn ich doch
Nicht dies und das gemacht hätte
Und mich nicht gegen
Die fürsorge
Und kraft vaters gestellt hätte
Als er sagte

Rauch und lüg nicht
Wäre ich am ziel angekommen
Nicht später
Schon gar nicht **NIE**

HerTzkaspar

Wer sieht den weg vor seinen augen

Wenn er nicht schon
Auf ihm steht

Im mittelpunkt
Seiner achse

Die natürliche vergangenheit

Holt mich
Aus dem schlaf

Mürbt mit gefalteten händen

Die schwerelosigkeit
Im innern
Und reißt das herz raus

Immer und immer wieder..

das ende

warum steigt der wind
laut auf wie sonne

warum schneidet sich torf
und mahlt sich
das korn
zu leisem
brot
wenn ich über den wegrain steige
falle
ich

wenn ich über den torf gehe
sinke ich ein
ich spinne
mit wolle
aus wolken
vor meiner hütte
ein frühlingsanfang
aus dem der klee

mich weckt
mit grünen farben

wenn
ich den vier blättern
zerfallen bin
dann lacht mich der vollmond aus

denn dann wird die zeit sich drehn
und der wind weiter bebend vorausgehn

und die wilden blumen
duften

peitscht regen
die natur versinkt
unter dem ast
der buche
und fällt
mit dem gesang
der meisen
tonlos
aus seiner pracht
wenn
alles ein
ende und
anfang hat

der wind der wind

das himmlische kind

der specht
hackt
mit dem schnabel
am ast
pickt die brotrinde

und bricht sie mit

sinngleichem schnabel

wenn das ein rabe
weiß
dann duckt
sich der dompfaff
mit rotem haupt
und der streit
am futterhaus
auf der veranda geht
fort
so fort
wie die zeit
die die
natur
in einer minute
erblassen
kann
und dreht sich krumm
auf einem erdhörnchen
um die eigene achse
dass die maus
aus
dem bau kommt

und vorrat für
die zukunft
im kalten sammelt

das ist der
wind der herrlich den regen bringt

ich liebe
das
rauschen
dies edensgleiche
und den docht der kerze wie sie verglimmt
wenn der minutenzeiger
der erde
stillsteht
alles wie in zeitlupe
unter der mauer
dreht
so regt
sich der mäuserich
lauert
die katze

bis es zu blühen beginnt

schneeland

eisweite: kalt lauert der tod

eiskalt klirrt der schnee in flocken
überm schwemmland
die schneeflocke kommt tiefer

bis sie auf den boden drischt und
zerfriert
in ziffern zählt man
sie kaum
sie stapeln
in zentimetern
den garten auf..

ich fütter die meisen
bis das stanniol zur erde fällt
das zigarettenpapier
...heb es auf
der schnee darf nicht verschmutzen
nur frieren

eiskalt lauert der tod
er hat eine nase aus möhren
und augen aus kohle
starr
ist die nacht
überm schneeland
es dreschen die kristalle
flugkörper
bis die ufo landen
weint das kissen
frau holle
schüttel
mich : ich friere

NACHTSTIMMEN

gefalteter ernst
bitterböses blut auf der zunge
kiemen der nacht stetig umflochten
von dem sirren der autobahn

leise kriechen die windräder vorwärts
und graben die luft um
dann ein voyeur auf dem rücksitz
des pkws gebundene schwere

ein messer ein drogeriemarkt
ein überfall
gescheitelte gendarmen
auf der suche nach dem irren

der ihnen ein spiel vorgaukelt
ähnlich wie bei cluedo
-doch der mörder
ist kein spieler von gegenüber

FALTERBUNT

weißt du noch vom schmetterling
vom glühwürmchen
das die schwüle abendluft umgleitet

von der packungsbeilage
und ihren nebenwirkungen

alles gebunden im schierling
oder dem eisenhut
in der stationären abteilung
dieses krankenhauses

und die fremde
des weggehens
da musste ich doch gleich wieder sein

hin oder her
dort wo alles lebendig scheint

am ende von zeit und tod

WACHES ZITTERN

endlos schweigender körper/-/
ton und klanglose geräusche
vorm morgengrauen

verwebter boden
tiefgraue stunde
blaupausen verdichtete bilder
verworrene körper
ohne licht
unter dem geräusch

der klirrenden buchstaben

gleißendes licht

wogende nacht
im schattenschlag
der schlieren des regens an der scheibe

ich sah den tropfen zu

wie sie fielen
ohne aufzufallen
vorwärts in der dunkelheit

wie eine kerze erlischt

und wie der morgen
durch die dämmerung bricht

steh ich am wegrain

korpulent meine last
im ausgleich

meiner sorgen
die morgen
vergehen

wie die winde wehen

drehen wir am
beginn einer zeitrechnung

erst fällt die hymne den baum

dann erschlägt die rose
das herz einer frau
dann stiehlt sich

der schwabbelige dunst
in die höh

wie der klotz sorgen

ich drehe am rad
der zeit

wieder und wider wird es nacht

in der kreischenden abendsonne
in einer ode pink floyds

und dann seht ihr
mich auf und ab gehen

wie die träume
eingezäunt am fuße des oleanders

amen

Inhaltsverzeichnis

s. 3 medley
s. 9 binde meine hände
s.10 trage meinen kopf
s.11 abschluß
s.12 der wind ist ein regenbogen
s.15 luck.radiohead
s.16 über LIEBE.oder der weg nach aussen
s.19 ich hänge am kreuz
s.22 die sonne des lichts
s.23 einst war ich mondsüchtig
s.24 ich sitze und
s.26 typewriter
s.28 sieh die worte
s.29 Die brücke ist..
s.30 breitbild
s.31 Vergessen ist das..
s.32 ein dreibein
s.37 seid da für mich
s.38 eine klippe
s.39 ungeduld
s.40 traumkrumen
s.41 taukrumen
s.42 die zeit
s.43 bin ich dichter
s.44 kaiserslautern
s.45 eselsfürth
s.46 f.r.ühling
s.47 das blankweiß
s.48 vom leben und sterben lassen
s.49 Exodus
s.50 Wegrain
s.51 HerTzkaspar
s.52 Die natürliche vergangenheit
s.53 das ende

s.55 der wind der wind
s.57 schneeland
s.58 NACHTSTIMMEN
s.59 FALTERBUNT
s.60 WACHES ZITTERN
s.61 gleißendes licht

Uwe Kraus Kaiserslautern, den 20.07.08

Neuauflage: 21.10.2017

Kein Nachwort erwünscht..